D1721657

Vom Wesen und
Schicksal
der Menschen im Sternbild

Krebs

von
Traude Walek-Doby

Pinguin-Verlag, Innsbruck
Umschau-Verlag, Frankfurt/Main

Bildnachweis

Seite 10: Miniatur aus der Handschrift »De Sphaera«, Italien, 15. Jh., Biblioteca Estense, Modena, Photo Roncaglia.
Seite 19: Abbildung aus der Handschrift »Les très riches heures du Duc de Berry«, Frankreich, frühes 15. Jh., Musée Condé de Chantilly, Photo Giraudon.
Seite 30: Aus: Matteo Palmieri, Città di vita, Florenz, 15. Jh., Biblioteca Medicea Laurenziana, Photo Guido Sansoni.
Seite 39: Abbildung aus der Handschrift »Les très riches heures du Duc de Berry«, Frankreich, frühes 15. Jh., Musée Condé de Chantilly, Photo Giraudon.
Seite 54/55: Stich aus dem »Atlas Coelestris« von A. Cellarius, 1660, Zürich, Zentralbibliothek, Photo Zentralbibliothek Zürich.
Bild auf dem vorderen Buchdeckel: aus FIRMAMENTUM FIRMIANUM von P. Corbiniano Thomas, Augsburg 1731.

Copyright 1982 by Pinguin-Verlag
A-6021 Innsbruck
Alle Rechte vorbehalten
Farbreproduktionen:
Ifolith, Fotolitho, Innsbruck,
und Cliché Litho Löpfe, Lustenau
Druck und Bindearbeiten:
Carl Ueberreuter, Wien
Printed in Austria
ISBN 3-7016-2128-4

Inhalt

Krebs

Zwischen dem 21. Juni und dem 21. Juli geboren

Wenn man einen Menschen anruft, der einen vor zwei Tagen bei einer Gesellschaft so ungeheuer fasziniert hat, daß man ihn unbedingt wieder sehen will, und dieser gleiche Mensch faucht am Telefon, was man denn eigentlich von ihm wolle – das wird wahrscheinlich ein Krebs sein. Er ist nicht bloß von einer seiner berühmten Launen in eine andere gefallen, er hat unterdessen schon dutzende Male die Laune gewechselt und man hat gerade eine schlechte erwischt.

Empfindsamkeit, Anhänglichkeit, Bequemlichkeit, Mütterlichkeit, Konservativismus sind für Krebse kennzeichnend. Ihr Gestirn ist der Mond, der romantisch und mystisch, aber auch unstet und wankelmütig macht. Das Element des Krebs-Menschen ist das Wasser und sein Temperament hauptsächlich phlegmatisch.

Wie Krebs-Menschen es anstellen, mit ihrer warmen Sensibilität und mystischen Romantik eine gehörige Portion kalten Materialismus zu vereinigen, bleibt ihr Geheimnis. Fest steht, daß sie beides in ausgeprägtem Maß sind: romantisch und materialistisch. Manchmal bringen sie Romantik und Materialismus auch durcheinander; dann wird bei ihnen das Geschäft mit viel Gefühl verbunden, und zum Ausgleich müssen Gefühle geschäftlich rentieren ...

Krebse berechnen sehr genau ihren Vorteil, und ein Mensch dieses Zeichens kann jeden Abend seinen Geldbeutel umkehren, um die darin enthaltenen kleinen bis kleinsten Münzen (abgesehen vom großen Geld!) genußvoll zu zählen. Auch im Geschäftsleben entpuppt er sich oft als schlauer Pfennigfuchser, und bevor er sich zu einer großzügigen Geldausgabe entschließt, überlegt er sich genau, was er davon hat und welchen Vorteil es für ihn bringt. Er ist ein blendender Rechner – trotzdem verrechnet er sich oft bei seinen Mitmenschen.

Diese Mitmenschen sind überhaupt sein Problem! Er phantasiert viel in sie hinein, und weil sie in der Realität selten halten, was er mit viel Gefühl in sie hineinprojiziert hat, bleiben die Enttäuschungen nicht aus – die wieder rauhen sein zartes Gemüt auf und zerfransen es bis zur Ruppigkeit. So gefallen sich denn viele Krebse – vor allem diejenigen männlichen Geschlechts – in der Rolle des Hartgesottenen, Abgebrühten, und sie verbergen ihre empfindlichen Gefühle hinter einem Panzer der Herzlosigkeit. Seine eigenen mißachteten Empfindlichkeiten lassen den Krebs dann die Empfindlichkeiten seiner Mitmenschen derart gründlich mißachten, daß es

diesen schwerfällt, das »Märchen von der Ge-
fühlstiefe des Krebses« zu glauben.

Manchmal scheint es, Krebs-Menschen hätten
Freude dran, die Früchte ihrer eigenen Herzensgüte totzubeißen. Einen Tag können sie sentimental bis zum Auseinanderlaufen sein, und am
anderen Tag gießen sie Spott wie ätzende Säure
auf die Auseinandergelaufenen. Der kritische
Verstand und das romantische Gefühl liefern sich
in der Krebs-Seele manches Kämpflein. Wie
auch immer dabei der Ausgang ist: einmal wird
er den Krebs unzufrieden machen, dann wieder
in freudige Begeisterung versetzen. Die Stimmungen der Krebse schwanken wie Binsen im
Wind.

Bevor man bei Krebs-Menschen eine spontane
Bemerkung macht, muß man noch ganz schnell
überlegen, ob sie ihm auch nicht in die falsche
Kehle geraten könnte. Eine einzige unüberlegte
Bemerkung – und die gute Krebs-Laune ist dahin. Sie ist wahrscheinlich auch ohne die unüberlegte Bemerkung schnell dahin – aber dann ist
man wenigstens nicht schuld dran und kann sich
beruhigt zurücklehnen, um auf bessere Launen zu
warten. Merkwürdig ist, daß der Krebs oft aus
harmlosen oder freundlichen Bemerkungen etwas
gegen sich Gerichtetes herausliest, während er Di-
rektheiten oder gar Rauhbeinigkeiten fast zu genießen scheint. Er selbst ist ja oft reichlich direkt

und rauhbeinig – neben einem Krebs gewöhnt man sich die Überempfindlichkeiten besser ganz ab und legt sich statt dessen eine dicke Schicht an Gleichmut zu. Noch vorteilhafter (für beide Seiten) ist, wenn man Schlagfertigkeit entwickelt. Der Krebs ist meist eher überlegt und beharrlich als schlagfertig, aber wenn man ihm – am besten von einem Ohr bis zum anderen grinsend – Schlagfertigkeiten serviert, die eigentlich schon fast eine Unverschämtheit sind, hat er daran seine helle Freude. Wenn dieser Mensch gerade gut gestimmt ist, kann er sehr gemütlich und humorvoll sein. Dazwischen ist er dann wieder deprimiert, ätzend, sentimental – und vieles mehr, alles Stimmungen, bei denen man vergeblich nach Spuren von Humor sucht. Bis er dann plötzlich loslacht, daß der Verputz von der Decke rieselt und er so einen krebsroten Kopf bekommt, daß man meint, er müsse ihm im nächsten Augenblick bersten. Was seine prustende Heiterkeit erregt, ist schwer vorauszusagen – natürlich hängt es von seiner Stimmung ab. Aber letztlich ist auch die Heiterkeit des Krebses so wie er selbst: schüchtern bis maßlos.

Das »Herkommen« ist für Krebs-Geborene immer wichtig. Das Elternhaus nimmt für sie eine besonders entscheidende Stellung ein, aber auch das Vaterland und Geschichte schlechthin beschäftigen sie sehr. Ihr Blick ist eher nach rückwärts gerichtet, um aus dem Verstehen der Vergangenheit auf die Erfordernisse der Gegenwart zu schließen. Geschichtslose Gestalten sind für den Krebs auch gesichtslose Gestalten (ähnlich verhält es sich mit Ländern, Situationen usw.). Vom Elternhaus kommt dieser Mensch selten ganz los und träumt sich zumeist in seine Kindervergangenheit zurück. Die früheren familiären Bande werden gern mit den gegenwärtigen verflochten, bis eine einzige große, innig geliebte Familie draus geworden ist – so jedenfalls sieht der Idealfall für den Krebs aus. Und wenn der Fall nicht ganz so ideal ist – was er ja selten ist –, dann kann der Krebs recht bärbeißig und bissig kritisieren und es allen Beteiligten (oder Unbeteiligten) sehr übelnehmen. Immer aber ist es die »böse Welt«, die den Krebs verletzt, und selten sieht er ein, daß er sich mit seiner überzogenen Erwartungshaltung die Enttäuschung selbst zuzuschreiben hat.

Aus all dem läßt sich leicht erkennen, daß Krebs-Menschen keine einfachen Naturen sind. Der ruhige äußere Schein kann darüber hinwegtäuschen, wie es in ihrer Seele rumort.

Richtiger ist es, sich auf Kompliziertheit und Umständlichkeit einzustellen, so wie auch ein Krebs-Mensch umständlich alle möglichen Kompliziertheiten berechnet, ehe er geneigt ist, die einfachen und naheliegenden Lösungen zu akzeptieren.

Der Mond kennzeichnet die Gemütsverfassung, die Welt des Unbewußten. Seine Stellung gibt Aufschluß über das Selbstbewußtsein des Menschen.

Wenn es ihn auf der rechten Wange kitzelt,
nimmt er nicht einfach den rechten Zeigefinger,
um sich zu kratzen. Vielleicht nimmt er den linken Fuß, führt ihn beim rechten Bein unten
durch, um sich mit der linken großen Zehe dann
endlich doch auf der rechten Backe zu kratzen.
Vielleicht führt er auch noch andere komplizierte
Verrenkungen durch. Fest steht nur eins: zuletzt
hat er sich erfolgreich gekratzt. So realistisch ist
er!

Diese Art des Vorgehens behält er im übertrage-
nen Sinn in sämtlichen Lebenslagen bei.

Wenn der typische Krebs-Mensch keine Sorgen
hat, über die er nachgrübeln kann, dann schafft
er sich welche. Seine Neigung zu Hypochondrie
läßt ihn aus einem Mückenstich eine Krebs-
geschwulst und aus Magendrücken das letzte
Stündlein befürchten. Manchmal macht er auch
in Verfolgungswahn. Die umwölkte Stirn des
Chefs bedeutet ihm dann vielleicht die drohende
Kündigung und das heitere Lachen seines Ehe-
partners eine womögliche Untreue. Die Fliege,
die ihn umsummt, wird zur boshaften Bestie, und
wenn sein Kind mit fünf Jahren das R nicht richtig aussprechen kann, sieht er es nur allzu schnell
von »minderbegabt« bis »geistesschwach« an.
Das Fatale ist, daß man einem Krebs kaum helfen kann, denn in solchen Stimmungen wird er
über Anteilnahme genauso böse wie über schwei-

gendes Darüberwegsehen. Am besten, man »stellt sich tot« und läßt den Krebs im eigenen Saft schmoren, bis er gargekocht ist ...

Was ein Krebs-Mensch einmal hat, das hat er gern für immer. Er klammert sich förmlich an Liebgewordenes – und Besitz ist ihm immer lieb (Partner eingeschlossen). Bevor er etwas Neues annimmt, prüft er ausgiebig und sichert sich vorher ab. Raffen und horten wird ihm eher liegen als prassen und verjubeln – dabei praßt und verjubelt er vom Herzen gern, wenn's der Schwager oder der Chef bezahlt.

Das »Behaltenwollen« des Krebs-Geborenen äußert sich auch auf geistigem Gebiet. Hat er einmal ein Urteil gefällt, wird er eher ein Pauschalurteil draus machen, als dieses Urteil zugunsten einzelner, die nicht in sein Schema passen, aufzugeben. Er schirmt sich dann gegen alles ab, das ihm dieses Urteil rauben könnte, er stemmt sich gegen alles, was ihn darin unsicher machen könnte, und das hat ihm schon oft das Prädikat »uneinsichtig« oder »stur« eingebracht ... Wenn er sich einmal gegen einen Menschen oder gegen eine Idee verschlossen hat, ist dem Krebs nicht mehr beizukommen. Am besten, man streicht die Angelegenheit. Man kann dann immer noch hoffen, daß er – irgendwann einmal in fernen Tagen – selbst auf das Problem zurückkommen wird, um es so zu lösen, wie es eigentlich – weniger eigensinnig und kompliziert – schon viel früher zu lösen gewesen wäre.

Krebse halten sich selbst für ausgeprägte Realisten. In ihrer Lesart heißt das unter anderem: keine Risiken eingehen. Das Sicherheitsbestreben ist beim Krebs-Menschen groß. Schon seine stetigen Befürchtungen und Ängste und pessimistischen Vorahnungen lassen ihn möglichst viele Sicherheitsvorkehrungen treffen. Seine Phantasie ist großartig entwickelt, sowohl was die möglichen Ereignisse, wie die zu treffenden Gegenmaßnahmen anbelangt. Bei ihm ist alles doppelt und dreifach abgesichert. Der Schutz zum Schutz des Schutzes und die Sicherung zur Sicherung der Sicherheit haben ihm schon den Ruf des engherzigen Spießbürgers eingebracht. Diesen Vorwurf nimmt er aber meistens gelassen: um sich durch ein solches Urteil umstimmen zu lassen, dazu ist er wieder zu wenig Spießbürger und zu sehr eigenständiger Individualist.

Krebs-Menschen wissen zu genießen – und je weniger sie etwas kostet, um so größer wird der Genuß sein. Am großzügigsten ist der Krebs-Mensch mit den Dingen, die ihn am wenigsten kosten: mit guten Ratschlägen. Da aber guter Rat manchmal teuer sein kann und ein Krebs-Rat im allgemeinen gut ist, entpuppt sich der Krebs als das, was ihm auch bei anderen das Wichtigste ist: als ein nützliches Glied der Gesellschaft.

Der Krebs ist ein mitfühlender Mensch, den das Unglück eines anderen zutiefst anrührt. Er kann aus ganzem Herzen mitweinen – aber er wird meistens nicht allzu spontan helfen. Es könnte ja sein, daß sich alles von allein erledigt, und dann hätte er seine Energie oder sein gutes Geld unnötig vertan. (Zugunsten seiner Bequemlichkeit bewahrt sich der Krebs Zeit seines Lebens einen sehr praktischen Wunderglauben.) Erstmalige und einmalige Situationen bringen diesen Menschen nicht gleich zum Handeln, erst wenn sich das Unglück beharrlich an die Schuhsohlen des Betroffenen hängt, ist er bereit, helfend einzugreifen. Ein Krebs-Geborener sieht sich gern in der Position des 15. Nothelfers: er hilft dann, wenn die 14 traditionellen Nothelfer versagt haben. Aber dann zeigt er viel Verständnis und Einfühlungsvermögen, wahre Herzensgüte und Großzügigkeit.

Krebs-Menschen haben ein feines Gehör für Zwischen- und Untertöne. Gefühlsbetonte Tränenströme beeindrucken sie zwar, aber sie merken es sofort, wenn einer beim Taschentuch hervorschielt, um festzustellen, ob seine Tränen auch richtig wirken. Dann wirken sie mit Sicherheit nicht mehr – und zwar nicht nur diesmal, sondern auf ewige Zeiten. Wenn das Mißtrauen des Krebses einmal geweckt ist, verharrt er geradezu wollüstig darin. Ein schlichter, aufrichtiger Charakter überzeugt ihn. Wie man überschwengliche Gefühle schlicht verpacken soll, ist schwer zu ersehen – wer es ehrlich meint, wird es wissen. Das ist nicht das Problem des Krebses . . .

Obwohl sich ein Krebs genußvoll in das Seelenleben eines anderen hineinwühlt, kann man nicht behaupten, daß er ein besonders guter Menschenkenner ist. Wer auf seine Schwächen einzugehen weiß, ist allzu leicht für ihn auch ein »guter Mensch«. Hier schlägt ihm oft seine Eitelkeit ein Schnippchen, die Eitelkeit, die hofiert und umworben werden will (nicht so sehr die des imposanten Auftretens).

Wer ihn umwirbt, ist »glaubwürdig« – auch wenn es sich um das besonders berechnende Exemplar eines besonders abgefeimten Schurken handelt. Krebse sind zwar kritisch, aber zu ihrem eigenen Nachteil selten gegen die Bewunderung, die ihnen andere entgegenbringen.

Auch wenn ihr persönliches Gefühl angesprochen wird, schalten sie die Kritik ab, und dann kann man sie nur mehr schlicht und einfach sentimental nennen. Sie glauben die unglaublichsten Dinge, wenn sie auf ihr Gemüt zugeschnitten sind. Rührselig bis verzweifelt, tränenreich bis pathetisch . . . der Krebs versteht es immer. Dinge, an die er sein Herz gehängt hat, vermag er nicht mehr rationalistisch zu beurteilen. Anderes verliert daneben an Bedeutung, etwa der Wunsch gut auszusehen, wenn er seinen Maturaanzug hervorholt, obwohl er ihm unterdessen zu knapp geworden ist. Er hat darin die Matura mit Glanz und Gloria bestanden – das muß doch jedermann dem guten Stück schon von Weitem ansehen und es gebührend bewundern! Oder das alte Auto, in dem er seiner großen Liebe den Heiratsantrag gemacht hat – es fährt doch fast ohne Mucken, trotz des glanzlosen Lacks, und strahlt das »gewisse Etwas« an Romantik aus ... ein Barbar jeder, der das nicht sofort spürt!

Es wird niemals ganz klar, wo die romantischen Gefühle des Krebses aufhören und wo sein Sinn für Geldersparnis anfängt. Er ist ein ausgesprochener Hamsterer und Horter, so viel er auch zusammengetragen hat, es könnte immer noch mehr sein. Auch wenn er in seinem Besitz fast erstickt, ist er imstande, einen Freund oder Nachbarn um etwas zu beneiden, das er selbst bereits in dreifacher Ausführung hat. Der kritische Verstand der Krebs-Menschen neigt manchmal dazu, in Nörgelei umzukippen. Ihn deshalb zu kritisieren, wird ihn höchstens kränken, aber nicht verändern. Vielleicht hilft es, wenn man sich selbst in kritischer Nörgelei versucht – solange es sich dabei nicht um ihn handelt, wird er hellhörig werden und kritisch prüfen, ob die Nörgelei nicht denn doch zu weit geht.

Krebs-Geborene lieben es, eine Menge Details

Im späten Mittelalter war die Astrologie für alle Gesellschaftsschichten von größter Wichtigkeit. Bauern und Handwerker lasen aus ihren holzgeschnitzten Kalendern die besten Zeitpunkte für das Bestellen der Felder oder für den Verkauf ihrer Erzeugnisse heraus, während sich der Adel mit seinen Belangen an kostbare Handschriften hielt, wie beispielsweise die Stundenbücher des Duc de Berry.
Juli – Abbildung aus der Handschrift »Les très riches heures du Duc de Berry«, Frankreich, frühes 15. Jahrhundert.

über ihre Mitmenschen zu sammeln, um bei Gelegenheit eines davon als spitzen Pfeil gegen sie abzuschießen. Sie haben keine Hemmungen, die kleinen Bosheiten triumphierend zu genießen. Vorwürfe oder sogar hämische Vorhaltungen sind von einem negativen Krebs-Typ stets zu gewärtigen. Er hält immer noch etwas in der Hinterhand versteckt. Er hat seine eigenen Geheimnisse, und er hält diejenigen seiner Mitmenschen als Geheimwaffe bereit, um damit nicht immer taktvoll anzugreifen. Das beste Gegenmittel ist, dem sanft geneigten Krebs-Ohr nicht allzu viel über sich zu erzählen – genauso wie er es auch hält. Eines sollte man nie vergessen: auch der offenste und direkteste Krebs ist nicht ganz so offen und direkt wie er scheint.

Die wechselnden Stimmungen, Zweifel und die Beeinflußbarkeit bringen es mit sich, daß dieser Typ Mensch bei aller theoretischen Zustimmung zur Treue in der Praxis gelegentlich zur »ambulanten Liebe« neigt. Wie seine anderen Sternbildkollegen möchte er seine Partner zwar ganz für sich allein besitzen und ihre Vorzüge genießen, aber er möchte sich nicht besitzen lassen und je nach Lust und Laune sein sinnliches Auge bald auf den und bald auf jenen werfen. So mancher Krebs-Partner hat sich schon gewundert, wie schnell aus dem Vollmond der Krebs-Gefühle ein Neumond wurde.

Der starken Beeinflußbarkeit hält der Krebs oft nur seinen Eigensinn entgegen – und kein Mensch weiß, nach welchen Kriterien er diese beiden gegensätzlichen Eigenschaften einsetzt. Obwohl er gern »Verstecken« spielt, ist jedoch an seinem Verhalten und an seinem Auftreten abzulesen, in welcher Gesellschaft er sich gerade befindet.

Die Verträumtheit und Empfindsamkeit macht den Krebs sehr oft künstlerisch begabt: Dichter, Musiker, Maler . . . sie lieben die feinen Töne, sowohl in Worten wie in Farben und in der Musik. Daneben kann aber die Schönheit einer Banknote einen Krebs immer zu romantischen Höhenflügen inspirieren.

Krebs-Geborene haben eindeutig mütterliche Züge. Ein Krebs-Vater kann mütterlicher sein als eine Mutter eines anderen Zeichens. Wer sich nicht gern bemuttern läßt, muß um Krebse einen Bogen machen, denn ihr Mutterinstinkt wird nicht nur durch die eigenen Kinder ausgelöst: er erstreckt sich auf Nachbarskinder, Gassenkinder, Hundekinder, er greift über auf Freunde, Berufskollegen, Chefs und macht auch vor zwielichtigen Gestalten nicht Halt. Ein Krebs-Heim mit vielen Kindern zu füllen bietet einigermaßen Gewähr dafür, daß nicht Gott weiß, was als »Kinderersatz« ins Haus geschleppt wird. Partner von Krebs-Menschen dürfen ruhig eine liebeleere

Kindheit hinter sich haben; es wird alles nachgeholt, aufgeholt ... das unselige Erbe wird so gründlich liquidiert, daß sich in der Rückschau schon mancher vorher seliger vorkam als nachher.

Krebs-Menschen lieben Schwache, Hilfsbedürftige, Ratsuchende; je mehr man auf sie und ihre Hilfe angewiesen ist, um so mehr »gehört« man ihnen, und sie werden nicht müde zu trösten, zu hegen und zu pflegen. Alles Selbstbewußte und Fordernde hingegen erregt ihren inneren Widerstand – oder sie flüchten sich in Passivität. »Verwöhnen und verwöhnt werden« ist die magische Formel für einen Krebs. Man sollte über dem einen das andere nicht vernachlässigen.

Wer so gern über alles Erreichbare schützend die Flügel breitet, dem liegt zumeist die Eifersucht. Wo der Krebs-Mensch nicht der einzig geliebte und verehrte Herzenspartner ist, wächst seine Gekränktheit ins Unermeßliche. Es ist aber nicht empfehlenswert, ihm überall nachzugeben und sich selbst neben ihm aufzugeben. Zu schnell ist aus dem ängstlichen kleinen Häschen, das gehätschelt und gestreichelt werden will, ein anmaßend-forderndes Hasentier geworden, das meint, es stünde ihm rechtens zu, daß sich alles um seine Wünsche dreht. In seinem eigenen Bereich und auf seinem eigenen Territorium kann ein Krebs recht diktatorisch werden. Härte verletzt ihn – aber Festigkeit braucht er. Watteweich verpackte Festigkeit, damit er sich nur ja nicht dran verletzt. Aber auch wenn er es noch so sehr glauben machen möchte: die Watte allein tut's nicht; er würde haltlos drin versinken und sehr unzufrieden werden. Mit seinen Launen und Empfindlichkeiten kann der Krebs mehr zum Tyrannen werden, als ein anderer durch rücksichtslosen Egoismus.

Kaltherzigen Geschöpfen steht er mit einer Mischung aus Gruseln, Ablehnung und Bewunderung gegenüber, und manchmal versucht er sie – in Unkenntnis seiner eigenen Natur – zu kopieren. Auch wenn er dabei erfolgreich ist, befriedigt und wirklich glücklich ist er darüber nicht.

Es stellt sich wirklich erst im Laufe der Zeit heraus, welch strapaziöses Stück Mensch man in einem Krebs vor sich hat!

Eine schöne Seite ist seine Geduld. Man sage ihm ja nicht, er wäre phlegmatisch – das hört er nicht gern; er ist geduldig. Das ist er wirklich. (Phlegmatisch ist er auch – man muß es ja nicht unbedingt laut sagen!) Er haspelt und hampelt nicht in der Gegend herum, er geht seinen Trott, den er für passend hält, und er kommt immer noch zurecht, wenn andere das Nachlassen der ersten Energiewelle verspüren. Schnelle Reaktionen sind ihm eher verdächtig, neue Situationen beäugt und bedenkt er zunächst einmal. Wo ein

Krebs besonders schnell reagiert, ist ihm die Sache bestimmt nicht ganz neu. Was er gar nicht mag, ist hektisches Getriebe und wenn er kommandiert, kritisiert und geschulmeistert werden soll. Da könnte sogar seine geduldige Langmut ins Wanken geraten. Trotz seines Zögerns und seiner Unsicherheiten ist er gern der Führende, und er wird zunehmend sicherer, je mehr man ihm vertraut und ihn zur Führung ermuntert.

Was beim Krebs gelegentlich nach Anpassung aussieht, ist in Wirklichkeit die Fähigkeit, Unpassendes zu übergehen oder es gar auf die Länge hinwegzuekeln. In seiner oft undurchschaubaren Art läßt er dieses Ziel nicht immer erkennen. Er versteht es zum Beispiel, unmerklich die entscheidenden Leute zu beeinflussen, daß sie für ihn die unpassenden Elemente liquidieren. Ein Krebs wird sich nicht selbst strapazieren und exponieren, wenn dies ein anderer für ihn tun kann. Auf die unmerkliche Art wird er die richtigen Freunde für sich einsetzen. Er setzt auf das richtige Pferd – oder er betrachtet sich selbst als das richtige Pferd und setzt auf gar niemanden.

Neben den vielen häuslichen Krebs-Menschen gibt es noch den ausgesprochenen Abenteurer, der aber immer wieder gern zurückkommt und am heimatlichen Herd seine haarsträubenden Erlebnisse zum besten gibt. Auch globetrottende Krebse ziehen selten die letzten Wurzeln aus dem

Heimatboden, und je älter sie werden, um so mehr zieht es sie dorthin zurück, wo sie hergekommen sind. Die Reiselust steht bei ihnen nicht im Gegensatz zur Heimatverbundenheit.

Krebs-Menschen kochen gern (manchmal kochen sie auch ihre Ehepartner ein) – mit Betonung auf »gern«. Kochen ist eine ihrer größten Begabungen – wenn man vom Essen absehen will. Die Kalorientabelle ist für sie ein Schlachtfeld, auf dem sie den Kampf bald einmal aufgeben. Unter diesem Zeichen werden aus Gourmets manchmal Gourmands – aus Feinschmeckern Schlemmer, um nicht zu sagen Fresser.

Sie schlucken nicht nur gern gutes Essen, sie fressen auch ihren Kummer in sich hinein – wen wundert es da, daß sie es oft mit dem Magen zu tun bekommen? Da sie Essen wie Kummer außerdem noch ausgiebig hinunterspülen, werden es auch die Nieren sein, auf die sie achten müssen. Und die Leber nimmt andauernde Völlerei zumeist auch recht übel . . . Brust und Haut als weitere Schwachpunkte der Gesundheit schließen sich an.

Die genaue Beobachtungsgabe, das ausgezeichnete Gedächtnis und das Einfühlungsvermögen machen Krebs-Menschen den Aufenthalt in der Natur zum Erlebnis. Sie erklären wißbegierigen Menschen gern ihre Anschauungen von Zusammenhängen in der Natur – sie haben ein gutes

Gespür für folgerichtige Naturabläufe –, sie erfassen das Wachsen und Werden einer Pflanze, den Aufbau eines Ameisenstaates oder den Kreislauf des Wassers. Am einen Ende der Naturgefühle steht etwa der treffsichere Waidmann, der durch Abschießen jene Tiere dezimiert, die keine natürlichen Feinde mehr haben und dies als seinen Anteil am Naturschutz betrachtet. Am anderen Ende stehen jene etwas pervertierten Stadtbewohner, die sich »Kuscheltiere« zulegen und sie sentimental verhätscheln und vermenschlichen. Sie füttern den Dackel mit allen erreichbaren Leckerbissen, bis er ein fetter Mops geworden ist, frisieren und bürsten die Siamkatze und knüpfen ihr Bändchen ins Haar, bis sie der geliebten Tante Ida gleicht, und sogar der Goldfisch wird bei ihnen zum »Schnurrli-Putzi-Schatzi«, der Bussi geben lernt.

Ein »naturbelassener« Krebs hat zur Religion – besonders zur mystischen Seite – meistens eine innige Beziehung. Auch die religiösen Feste seiner Kindheit wird er immer hoch und in Ehren halten. Es liegt ihm fern, Brauchtum, Tradition und Glaubensgut kritisch auseinanderzuhalten, aber er wird sehr kritisch das religiöse Verhalten seiner Mitmenschen unter die Lupe nehmen und vielleicht von da aus zu einer sehr massiven Ablehnung der ganzen Religion kommen. Der Kirchensteuer steht er meistens ablehnend gegenüber, aber die praktische Seite der Religion wird ihm nicht entgehen, zum Beispiel »Liebe deinen Nächsten« – er läßt sich doch so gerne lieben! Und daß man von einem knurrenden Magen nicht besonders viel Frömmigkeit erwarten kann, ist jedem Krebs klar. Also wird er sich zunächst einmal dem knurrenden Magen widmen, lieber satt und fromm, als hungrig und atheistisch!

Er fühlt sich auch nicht besonders gedrängt, dem Glauben, der seinen Vätern genügte, neue erkenntnisreiche Glanzlichter aufzusetzen. Er ist glücklich, wenn er das, was er übernommen hat, auch ordentlich versteht und gefühlsmäßig auszuloten imstande ist.

Wenn man wissen will, worauf ein Krebs-Mensch gereizt reagiert, muß man wissen, was ihn unsicher macht. Selbstsicherheit und Stabilität sind nun einmal nicht seine starken Eigenschaften, und daran ändert sich auch nichts, wenn er gern einmal den »Herkules« spielt und im Imponiergehabe verweilt. Wie auch immer er sich gibt: von seiner Natur her ist der Krebs eher scheu, ruhig, zurückhaltend ... gegenteilige Erscheinungsformen gehen auf überkompensierte Minderwertigkeitskomplexe zurück.

Man sollte diesen Menschentyp dazu bringen, sich so anzunehmen, wie er ist. Ein Krebs, der mit sich selbst im reinen ist, ist ein gütiger, weiser und verständnisvoller Mensch, an den man sich mit allen Kümmernissen wenden kann. Er ist ein stilles, aber tiefes Wasser, ein verträumter Waldsee, aus dem man die unglaublichsten Überraschungen herausfischen kann. Wer aber zuviel herumstochert und zu energisch darin herumrührt, darf sich dann auch nicht wundern, wenn er sich in eine dunkle Brühe verwandelt.

Die goldene Krebs-Regel:
Krebs-Glück ist Heim- und Familienglück. Wer dafür keinen Sinn hat und auch nicht daran denkt, ihn sich anzueignen, wird angehalten, beizeiten zurückzukrebsen.

Sternzeichen in der Praxis

Ein Vorwort, das der typische Krebs-Mensch
liest, wenn er seine Anfangsbedenken
überwunden hat

Schon als Schulmädchen habe ich angefangen,
die Menschen auf ihr Sternbild hin zu beobachten. Damals ging ich ganz »naturbelassen« an
die Materie heran. Später las ich darüber, was
mir in die Hände geriet und beobachtete weiter –
sozusagen auf »gehobener Basis«.

Was an Literatur über das Thema »Mensch und
Sternbild« vorhanden ist, kann einem eigentlich
schon ein staunendes Kopfschütteln kosten. Oft-
mals ist es rein theoretisch, verallgemeinernd,
simplifizierend – auf die Art wird man den Menschen in ihrer Vielfalt nicht gerecht.

Dann ist wieder genau das Gegenteil der Fall, die
Materie ist derart kompliziert und mit Fachaus-
drücken unterspickt dargestellt, daß ein Mensch,
dem Astrologie nicht gerade das Evangelium er-
setzt, überhaupt nicht mehr mitkommt. Das We-
sentliche, seine Mitmenschen besser zu erkennen
und leichter zu verstehen, wird mit dieser Art
Sternbildkunde meistens nicht erreicht.

Im 15. Jahrhundert wurden diese Tierkreiszeichen und astrologischen Symbole von einem Florentiner Meister für das Buch Matteo Palmieri, Città di vita, gestaltet.

Bevor man überhaupt beginnt, sich mit Astrologie zu beschäftigen, sollte man sich als obersten Grundsatz vor Augen halten: die Sterne zwingen nicht, sie machen geneigt. Jedem Sternbild haftet eine gewisse »Grundstimmung« an. Das heißt gewiß nicht, daß alle Wassermänner, alle Löwen usw. gleichgeschaltet sind und nur so und nicht anders handeln können. Sie können sehr wohl, wenn sie wollen, nur neigt sich ihr Wollen in eine bestimmte Richtung. Dies zu wissen, dient der Selbsterkenntnis.

Um die Menschen besser zu verstehen und besser mit ihnen auszukommen, ist es immer gut, ein wenig hinter ihre Fassade zu schauen. Man kann sich dann leichter anpassen. Anpassungsfähigkeit ist eine sehr nützliche Eigenschaft, besonders dann, wenn man weiß, woran man sich eigentlich anpassen soll. Oft ist nicht genug Zeit vorhanden, einen Menschen genau zu studieren. Man will vielleicht etwas von ihm, bevor man ihn eigentlich kennt; oder ein anderer will etwas von einem, den man nicht kennt. Da ist es sehr hilfreich, wenigstens sein Geburtsdatum zu wissen und über die »Sternbildatmosphäre« zu erahnen, wie man mit ihm dran ist.

Ich kann mich sehr gut an meine Schulzeit erinnern, als ich immer bestrebt war, möglichst bald den Geburtstag der einzelnen Lehrer herauszufinden. Danach fiel es mir viel leichter, die Allgewaltigen richtig zu behandeln. Ein Professor, seines Zeichens Löwe – einer von der »rabiaten« Art –, wurde am besten mit milder Zustimmung behandelt. Wenn er knurrend ins Klassenzimmer gestürmt kam und unhaltbare Behauptungen aufstellte, war es das beste, das gereizte Raubtier mit Widerspruch nicht noch weiter zu reizen. »Jawohl, Herr Doktor, ist gut, Herr Professor«, war fast immer wie Öl auf die Wogen. Und wenn man den richtigen Moment abwartete, konnte man – ganz allgemein gehalten und ja nicht etwa als persönliche Kritik gedacht – anbringen, wie menschenunwürdig doch eigentlich ungerechte Launen seien . . .

Bei einem anderen Professor, aus dem Zeichen Skorpion, wäre dies genau das verkehrte Vorgehen gewesen. Er schien es manchmal direkt darauf angelegt zu haben, seine Mitmenschen zu reizen und zu unbedachten Handlungen zu veranlassen, um auf diese Art seine Überlegenheit zu demonstrieren und zu triumphieren; vielleicht wollte er auch herausfinden, wie weit er wohl gehen könnte . . . Jedenfalls war es bei ihm angebracht, nicht allzu lange zu warten und ihm zu sagen: »Diese Ungerechtigkeit lasse ich mir nicht gefallen. Wenn Sie so fortfahren, gehe ich nach Hause.« Herr Skorpion hatte seine Grenze erfahren und war zufrieden. Nicht auszudenken, was in diesem Fall besagter Löwe getan hätte! Wahrscheinlich hätte er mich zuerst in der Luft zerrissen, um mich anschließend zum Direktor zu schleppen. Mit diesen Beispielen möchte ich nicht zum Ausdruck bringen, daß Löwen immer »rabiat« sein müßten, sondern nur, daß man einen rabiaten Löwen anders behandeln muß als einen rabiaten Skorpion. Es gibt unzählige friedliche, fröhliche, fromme Abarten – aber es wird eben wieder ein Unterschied sein zwischen einem friedlichen Löwen und einem friedlichen Skorpion. Die Vererbung, die Erziehung, Umwelteinflüsse – alles kann bei einem Sternbild recht unterschiedlich scheinende Charaktere zur Folge haben; man muß dies alles beobachten und beachten. Die Grundstimmung aber bleibt vorhanden, auch wenn die Obertöne wechseln.

Von der Bedeutung des »Aszendenten« ist vielen Menschen nichts bekannt. Das Sternbild bleibt einen Monat gleich, der Aszendent, der »aufsteigende Stern«, wechselt alle zwei Stunden und rückt alle vier Minuten um einen Grad weiter, so daß zu jedem Sternbild der Einfluß eines anderen Sternbildes hinzukommt. Das Sternbild eines Menschen sagt aus, wie er innerlich veranlagt ist, sein Aszendent, wie er sich nach außen hin gibt. Die wenigsten Menschen kennen ihren Aszendenten, geschweige, daß sie eine Ahnung davon haben, wie in der Minute ihrer Geburt die Stellung der Sterne zueinander war. Ein persönliches Horoskop auszurechnen ist eine ziemlich komplizierte Arbeit, dafür sagt es wesentlich Genaueres aus, als der grobe Raster der zwölf Sternbilder, der aber als Hilfe in der Charakterkunde durchaus seine guten Dienste tut.

Worin der Einfluß der Sterne eigentlich besteht, weiß noch niemand genau bis heute. Wenn man eine Sache nicht erklären kann, heißt das aber noch lange nicht, daß man sie deshalb leugnen muß. In vielen Jahren der Beobachtung habe ich jedenfalls festgestellt, daß das Sternbild auf den Charakter eines Menschen Einfluß hat.

Den Zukunftsprognosen und wöchentlichen Vorhersagen in den Zeitungen stehe ich allerdings sehr distanziert gegenüber. Wenn wir aber prinzipiell alles ablehnen wollten, was in unserer Welt schon einmal mißbraucht worden ist, bliebe uns nicht mehr viel übrig.

Ich sehe auch keinen Widerspruch zwischen Religion und Sternbild. Ich sehe nur Zusammenhänge in der Natur – und da liegt für mich der Schluß nahe, daß der Kosmos nicht einflußlos an uns vorüberzieht. Mir scheint es vielmehr eine maßlose Überheblichkeit, wenn sich der Mensch einbildet, er wäre von den Einflüssen des Universums ausgeklammert und besäße quasi einen »Sonderstatus«. Die asiatischen Völker haben viel besser als wir begriffen, daß der Mensch nur ein Teilchen vom Ganzen ist, daß er aus der Natur kommt und in die Natur geht.

Es wird gewiß niemand gezwungen, sich neuen Erkenntnissen zu öffnen, aber man sollte verlangen können, daß niemand prinzipiell etwas ablehnt, verteufelt oder lächerlich macht, das er gar nicht verstanden hat und auch gar nicht verstehen will.

Die zwölf Tierkreiszeichen teilt man zum besseren Verständnis auch noch in die vier Temperamente ein: zu den Cholerikern zählt man Widder, Löwe, Schütze, zu den Melancholikern Stier, Jungfrau, Steinbock, zu den Sanguinikern Zwilling, Waage, Wassermann und zu den Phlegmatikern Krebs, Skorpion und Fische.

Etwas problematisch ist immer die Frage: »Wer paßt zu wem?«. Da wird immer behauptet, die jeweilige Dreiergruppe passe besonders gut zusammen. Gewisse Grundzüge im Temperament, im Denken und Reagieren sind den »Zusammengehörenden« allerdings gemeinsam. Aber ich kenne Fälle, wo Ehepaare, die »eigentlich« gar nicht zusammenpassen dürften, wunderbar harmonieren, und andere, die »eigentlich« ein ideales Paar abgeben müßten, nichts als Krach und Disharmonien aufzuweisen haben. Es empfiehlt sich also, vermehrt auf das zu schauen, was der Betroffene aus seinem Sternbild gemacht hat. Aufgefallen ist mir schon des öfteren, daß die nebeneinanderliegenden Sternbilder selten in einer langdauernden persönlichen Beziehung harmonieren, während jedes zweite Sternbild viel besser paßt. Daraus ergibt sich, daß Melancholiker und Phlegmatiker sowie Choleriker und Sanguiniker bessere Chancen auf Harmonie haben.

Den einzelnen Sternzeichen werden auch gewisse Krankheitsanfälligkeiten »zugewiesen«. Mit dem Widder, dem ersten im Sternenkalender, fängt man beim Kopf an, geht weiter über Nacken- und Schulterpartie beim Stier, um schließlich bei den Beinen und Füßen von Wassermann und Fische aufzuhören. Das heißt nun gewiß nicht, daß nicht auch einmal ein Wassermann auf den Kopf fallen und ein Widder sich die Zehen anschlagen könnte.

Ein vernünftiger Mensch wird auf seine gesamte Gesundheit achten. Wenn man aber eine besondere »Schwachstelle« kennt, wird es kaum schaden, darauf besonders aufzupassen.

Die Tierkreiszeichen sollen dazu dienen, die Praxis des Lebens besser zu bewältigen. Wer im Einklang mit seiner Natur lebt, wird erfolgreicher sein, als wer seine Natur nicht zur Kenntnis nimmt und gegen sich selber lebt.

Die Sterne zwingen nicht, sie machen geneigt. Es bliebe zu erforschen, ob ein geneigtes Ohr ebenfalls zu diesen Neigungen gehört . . .

Tierkreiszeichen Mensch. Dieser Leitgedanke scheint in mittelalterlichen Handschriften immer wieder auf. Die Zeichen werden mit ihren entsprechenden Wirkungen den Körperzonen des Menschen zugeordnet.

Der Krebs-Mann

Im Zeichen Krebs als Mann geboren zu sein, ist ein gewisser »Nachteil«: was in unseren Breiten als »männlich« propagiert wird, ist oft das Gegenteil von dem, was die Krebs-Natur ausmacht. Dadurch entstehen in der Seele dieses Mannes Spannungen, die sich nicht immer auf die angenehmste Art lösen lassen. Im Grunde seiner Seele ist der Krebs-Mann voll Verständnis, Gutmütigkeit und Herzensgüte. Was er nach außen zeigt, ist gelegentlich Herzlosigkeit, Ironie und Borniertheit. Dazwischen noch viele Spielarten, ebenso verschieden von Situation zu Situation wie von Mensch zu Mensch. Man lebt sich eben nicht allzu leicht als Krebs-Mensch . . .

Diesen Mann rasch zu durchschauen und gründlich zu kennen, bildet sich niemand ein, der ihn wirklich kennt. Höchstens hält man ihn bei der ersten Begegnung für ein offenes Buch – schon bei der zweiten wird man erstaunt feststellen, daß er so ganz anders ist, als man meinte . . . und bei jeder weiteren Begegnung wird dieses Erstaunen weiterwachsen.

Der Ehrgeiz, ihn »ganz kennen« zu wollen, ist auch unnötig. Es genügt, ihn im Moment zu kennen und auf ihn einzugehen – damit hat man ohnedies alle Hände voll zu tun.

Auch wenn er sich ruppig gibt, auch wenn er abweisend ist, im Grunde braucht er Bewunderung. Er lechzt geradezu danach. Seine Lieblingsvorstellung sind Frauen, die ihm zu Füßen liegen und bewundernd das Auge zu ihm aufschlagen – nichts anderes als reine Verklärung soll ihr Silberblick spiegeln ...

Nicht, daß er etwa dumme Frauen liebt – mitnichten! Je intelligenter sie sind, um so mehr genießt er die Vorstellung, daß sie ihn bewundern, daß er sie trotzdem spielend erobern kann.

Will eine Frau ihn erobern, muß sie ihm die richtige Mischung an kritischem Intellekt und hingebungsvoller Bewunderung servieren. Sie darf aber nie meinen, sinnliche Weiblichkeit sei mit der »Intelligenz einer überreifen Pflaume« zu verwechseln ...

Der Krebs-Mann plaudert gern über Kultur, Musik, gutes Essen, Geschichte ... seine Vorliebe für »Gott, Kaiser und Vaterland« findet auch in den Gesprächsthemen ihren Niederschlag und wird noch ergänzt durch Familie und Heim. Bei Gegenwartspolitik hat er die unangenehme Eigenschaft, sie allzu scharf zu kritisieren, so daß sie kaum ein angenehmes Gesprächsthema ergibt. Einem Krebs-Mann im eleganten Abendanzug den Vorzug vor einem Krebs-Mann im abgeschabten Jackett zu geben, ist nicht immer klug: je weniger dieser Mann (noch) ist und hat, um so mehr wird er es durch Äußerlichkeiten auszugleichen versuchen, je mehr er (schon) ist und hat, um so unauffälliger wird er sich geben. Das ist SEINE Art Eitelkeit, und es ist SEINE Art Humor, die Umwelt damit zu täuschen.

Geld und Gefühle sind für den Krebs-Mann gleichermaßen faszinierende Dinge und die richtige Partnerin ist für ihn eine, die von beidem am meisten einbringt. Er mag weder um einer Idee, noch um einer Frau willen darben und frieren, und er kann sehr gereizt werden, wenn eine schöne Frau arm oder wenn eine reiche Frau häßlich ist. Sie erfüllt damit seine Erwartungen nicht, und er erwartet sich nun einmal eine schöne, wohlsituierte und gefühlvolle Frau ... In seiner Phantasie träumt er sich gerne eine Wunschpartnerin zusammen, aber die Realität hält ihm selten eine solche parat. So wandeln sich seine überzogenen Ansprüche im Laufe der Zeit in Enttäuschungen um, die in einem Pauschalurteil wie: »Die Frauen wollen ohnedies nur Geld und Sex« gipfeln können. Je verletzbarer und enttäuschter er ist, um so drastischer wird er diese Ansicht zum Ausdruck bringen.

Trotz seiner sensiblen Gefühle beliebt er sich gelegentlich gar nicht sensibel auszudrücken, ja man kann fast sagen: je empfindsamer seine Seele, um so derber der Ausdruck. (Bei weitem nicht immer, aber in jenen Momenten, wo er sich

»gehenläßt«.) Am besten zeigt man in diesem Fall sein Mißbehagen mit eisigem Schweigen. Man sollte ihn nicht zurechtweisen, denn schon aus Rechthaberei kann er dann noch derber reagieren. Man sieht durch ihn hindurch, als ob er Luft wäre und reagiert erst wieder, wenn er sich auf seine manierliche Seite besonnen hat.

Der Krebs-Mann ist als Jugendlicher oft eine wilde Hornisse – sehr zur Freude seiner Freundinnen –, um dann plötzlich, in nahtlosem Übergang, zur emsigen Honigbiene zu werden – nicht immer zur Freude seiner Ehefrau. Gegen das Einbringen des häuslichen Hongseims haben ja die wenigsten Frauen etwas einzuwenden, die bereit sind, einen Hausstand zu gründen, aber beim Krebs-Mann wird gelegentlich Spießbürgertum in Reinkultur daraus. Es wird dann einigen diplomatischen Geschicks bedürfen, um das zartbesaitete Butterkrebslein aus dem Haus zu locken; denn wenn der Krebs-Mann einmal die Behaglichkeit seines eigenen Schneckenhauses schätzen gelernt hat, wird er es freiwillig nicht so schnell verlassen.

Die Seele dieses Mannes ist weich und empfindsam – und darum herum legt er eine Schale aus barschen Launen und Grobheiten. Da er aber fast immer mit Liebe zur Liebe zu verführen ist, wird sich eine Krebs-Ehefrau durch solche Nebensächlichkeiten nicht abschrecken lassen. Sie wird ihn verführen – so, als ob er nie ein grobes Wort gesagt, nie eine schlechte Laune gehabt hätte. Es ist erstaunlich, wie schnell ein Krebs-Mann seine schlechte Laune (sogar wenn sie berechtigt ist) vergißt, wenn seine Frau »allzeit (zum Verführen) bereit« ist. Liebesgeflüster ist die Melodie, nach der ein Krebs-Mann am liebsten tanzt. Wenn dann noch »Die kleine Nachtmusik« aus dem Hintergrund ertönt, der Vollmond scheint und ein würziges Bratenlüftlein weht, steht der guten Krebs-Laune nichts mehr im Weg.

Sollte alles zusammen wider Erwarten nichts fruchten, wird die gelernte Krebs-Ehefrau ihrem Ehegespons mit Vorteil von den Vorteilen erzählen, die sie irgendwo dank ihrer Schlauheit herausschinden konnte. Der Schuß Bauernschlauheit wird dann seine Wirkung bestimmt nicht mehr verfehlen.

Um einen Krebs-Mann zu faszinieren, muß eine Frau extrem gut sparen und wirtschaften können. Auch dann wird er ihr am Ende eines Sommers vorrechnen, wie viele Eisbecher sie konsumiert und was sie ihn sonst noch alles gekostet hat . . .

Fast jeder Krebs-Mann weist patriarchalische Züge auf – und liebt sie an sich sehr!

Eine Partnerin, die Heim und Küche vernachlässigt, entweiht seine heiligsten Werte. »My home is my castle« wird vom Krebs-Mann erweitert in:

»Mein Heim und meine Küche sind mein Leben«.

Das Essen muß stimmungsvoll und gehaltvoll sein, besonders ausgefallen muß es nicht sein. Es kann ruhig ein normales Wiener Schnitzel sein, aber es sollte auch wirklich delikat schmecken und nicht wie ein paniertes Brikett. Schalentiere lehnen die meisten Krebse ab, für Fische haben sie viel über und fast alle haben eine »süße Zunge«. Mit größter Begeisterung essen sie auch Selbstgefangenes, Selbsterlegtes, Selbstgesuchtes – vielleicht, weil sie Individualisten sind, vielleicht aber auch, weil sie damit einen Ausgabenposten im Haushaltsbudget streichen können. Auch beim Essen sind Krebs-Menschen eine Mischung aus romantisch und praktisch.

Die liebevolle Tischdekoration ist beim gefühlsbetonten Krebs-Mann immer wichtig. Sein ausgeprägter ästhetischer Sinn wehrt sich gegen knallige Dekorationen, er liebt es silbrig-weiß und sanft. Und am Teller soll genug von allem liegen ... Der Nachteil dieser Eßvorliebe ist es, daß er sich im Laufe der Jahre ziemlich unsanft rundet. Der Vorteil, daß er auch unsanften Rundungen bei seiner Frau sehr tolerant gegenübersteht.

Man sollte ihn deshalb nie mit einem Kosenamen wie »Dickerchen« belegen. Er ist über Kosenamen nie glücklich, und an einem solchen findet er schon überhaupt nichts »Kosiges«; er fühlt sich verlacht. Außerdem: jeder Krebs-Mann besitzt seiner Ansicht nach einen vollendeten Luxuskörper, den er am liebsten täglich salben, parfümieren und balsamieren würde.

Als Vater ist dieser Mann einsame Spitze. Er umgluckt seine Kinder mit der Fürsorge einer Bruthenne, und es gibt kein Bedürfnis, dem er nicht mit Verständnis gegenübersteht und ihnen zu erfüllen trachtet. Die einzige Ausnahme: daß sie sich selbständig machen wollen. Kinder, die in die Welt hinausziehen, reißen ein Stück des Krebs-Herzens mit sich. Es wäre beim Krebs-Mann keine schlechte Idee, die Jungmannschaft nach dem Kriterium ihrer Anhänglichkeit in die Welt zu setzen. Man könnte ihm Fische-Kinder empfehlen, Steinbock-, Stier- und Jungfrau-Kinder machen sich neben ihm bestimmt auch nicht schlecht, und natürlich Krebs-Kinder: ganz das Ebenbild ihres Krebs-Papas.

Die erste und oberste Aufgabe einer passenden Krebs-Partnerin ist es, Hüterin des häuslichen Feuers zu sein. Danach gilt es, das Heim mit vielen Kindern zu bestücken.

Und die stetige Bewunderung dieses einmaligen Mannes erfährt noch eine Verstärkung, wenn sie seine Mutter bewundert. (Ohne die Bewunderung der Mutter fühlt sich ein Krebs-Mann verloren und minderwertig!)

Seine Frau gehört auch ins Haus – so wie es seine Mutter hielt. Hat sie es nicht so gehalten, wird er von seiner Frau erst recht erwarten, daß sie es so hält. Er verlangt überhaupt nichts Ungebührliches von seiner Frau – alles, was er an einer Frau liebt, ist ihm »von Natur aus« vorgezeichnet. Wer eine andere Ansicht von »Natur« hat, muß sich nicht den Krebs-Mann anpeilen, denn ändern wird er seine diesbezügliche Meinung nie. Er wird höchstens enttäuscht sein und bis ans Lebensende diese Enttäuschung nicht verwinden.

Die Krebs-Frau

Die Krebs-Frau ist eine richtige Frau – daran gibt es gar keinen Zweifel. Alles, was Weiblichkeit ausmacht, ist ihre starke Seite: Häuslichkeit, Familiensinn, Mütterlichkeit, Gemütstiefe, Mode. Sie ist gefühlvoll und anlehnungsbedürftig, aber sie kehrt ihr Innerstes nicht nach außen. Ihre wahren Beweggründe weiß oft nur sie selbst – und das nicht immer.

Fräulein Krebs hat gern viele Verehrer (manche Krebs-Frau bleibt diesbezüglich lebenslang ein »Fräulein«), und zu jedem einzelnen unterhält sie eine herzinnigliche Beziehung. Wenn sie sich hilfsbedürftig an eine breite Männerbrust anlehnt, heißt das noch nicht, daß der Besitzer derselben nun der einzig-alleinige Auserwählte ist. Es heißt nur, daß sie sich gern anlehnt. Vielleicht heißt es, daß sie gestreichelt werden will, oder vielleicht heißt es, daß sie herausfinden möchte, wie es eigentlich um Verdienst und Bankkonto bestellt ist ... Sicherlich ist ihre Anlehnungsbedürftigkeit keine Aufforderung zu »unsittlichem Benehmen« – es sei denn, man wolle sie in die Flucht schlagen.

Wenn die Krebs-Frau ein bißchen sentimental ist, kann man wenigstens sicher sein, daß die Sentimentalität echt und nicht geschauspielert ist. Ihr

Sinn für Zahlen – hauptsächlich in Verbindung mit Geldwert – geht in ihrem Gefühlsreichtum aber keinesfalls unter. Im Gegenteil, ihr Gefühl wird durch schöne runde Zahlen gehörig ermuntert und ermutigt.

Der Gefühlsüberhang bleibt der Krebs-Frau lebenslänglich erhalten, und ihr Gefühlsreichtum will respektiert, nicht ausgetrieben oder verlacht werden. Das müssen sich alle vor Augen halten, die sich einer Krebs-Frau nähern. Mit Komplimenten und Anerkennung – und zwar nicht nur in den Flitterwochen! – dürfen sie ebenfalls nicht sparen. Sie will zwar immer wieder aufs Neue hören, wie liebenswert und außergewöhnlich weiblich sie ist (sonst wird sie unsicher), aber letztlich hält sie sich für geradezu unwiderstehlich liebenswert und weiblich. Sie will vor allem wissen, ob es der andere weiß ... Sie kann das Entzücken der Männer, sie verwöhnen und hofieren zu dürfen, mit ganzer Seele mitempfinden.

In jungen Jahren hat die Krebs-Dame viele hochfliegende Pläne, die alle in der Gefühlswelt angesiedelt sind. Aber ach, viele Männer sind arge Trampler, und so irrt sie lange von Herz zu Herz, bis sie sich vielleicht eines Tages mit der materiellen Sicherheit begnügt.

Die Gebrauchsanweisung für sie – auf einen einfachen Nenner gebracht – lautet: auf jede Liebeserklärung sollten hundert Schwüre folgen, daß die Liebe echt und die Erklärung ernst gemeint ist. Denn darauf legt sie Wert: das Gefühl ihres Partners muß so echt sein wie ihr eigenes.

Für manche Krebs-Frau ist das Taschentuch der wichtigste Gebrauchsgegenstand. Sie weint gern. Sie weint aus Liebe und aus unerfüllter Liebe, sie weint im Glück und im Unglück, und sie weint aus Dankbarkeit für eine Männerbrust, an der sie weinen kann ... Wenn es die richtige Brust des richtigen Mannes ist, dann begießt sie dort das Samenkorn seiner Liebe, das – genährt und getränkt – zum standfesten Lebensbaum heranwächst, in dessen Schatten ihr fürderhin die Stürme des Lebens nichts mehr anhaben können. Soweit der Idealfall. Wo er eingetreten ist, kann sich jeder Mann »von« schreiben, daß er eine Krebs-Frau erringen durfte. Ab nun weiß er, wo er hingehört und wo er daheim ist – seine Frau wird ihn immer wieder daran erinnern.

Die Krebs-Frau ist häuslich, um nicht zu sagen hausbacken. Sie wird außerdem noch gern häuslich und hausbacken sein. Das Gluckhennenwesen in vielerlei Gestalt ist in der Krebs-Frau so tief verwurzelt, daß man sich nicht erklären kann, warum ihr Vokabularium in der Hauptsache nicht aus »gluck-gluck-gluck« besteht ... Wird sie aber aus irgendwelchen Gründen gezwungen, im Berufsleben selbständig ihren »Mann« zu stehen, stellt sie sich als tüchtig und umsichtig heraus. Ohne berufliche Anregung besteht die Gefahr, daß sie ein ziemlich spießbürgerliches Heimchen am Herde wird, das in Kleinlichkeiten und im Alltagskram völlig aufgeht.

Die Krebs-Frau, die ihre Berufsarbeit liebt, wird ihren Arbeitsplatz zum Heim machen, und so nüchtern sie auch arbeiten mag, es wird der Arbeitsplatz einer Frau sein: Blumen neben der Rechenmaschine, ein Spitzenvorhang am Fenster ... Und der Chef findet bei der Herrenjause vielleicht handgemalte Tischkarten vor. Die Krebs-Frau weiß: auch die trockenste Arbeit erhält durch ein wenig Gemüt Leben und Saft.

Trotz ihrer großen Anlehnungsbedürftigkeit versteht es die Krebs-Frau, andere Anlehnungsbedürftige ihrer vertrautesten Umgebung fernzuhalten. Sie besorgt dies keinesfalls brutal, aber nicht minder wirkungsvoll. Sie versteht es, sich so unentbehrlich zu machen, daß weder Mann noch Chef auf die Idee kommen, es könnte wer anderer nur annähernd so gut für sie sorgen. Auf die unmerkliche Art ergreift sie Besitz – auch dann, wenn sie keine Gegenleistung dafür bietet. Hartnäckigen Anruferinnen aus dem Lager der weiblichen Verehrerinnen erklärt sie auch beim zweihundertsten Mal noch freundlich, wie unendlich leid es dem Herrn Generaldirektor doch täte, aber er sei leider, leider durch eine Sitzung verhindert – ob sie vielleicht etwas ausrichten dürfte? –, bis auch die hartnäckigsten Anruferinnen die Waffen strecken und sie die einzige ist, die den Herrn Generaldirektor jederzeit anrufen kann. Er hat ja auch außer ihr niemanden, der ihn so beschützt und auf sein nervliches und moralisches Wohl so selbstlos bedacht ist . . .

Die Bemutterung der Krebs-Frau als Bevormundung zu empfinden ist nur dann ratsam, wenn man bereit ist, einen Tränenstrom mit vielen Beteuerungen wieder zum Versiegen zu bringen.

Man sollte nicht vergessen: die Krebs-Frau ist nicht annähernd so hilflos, wie sie wirkt; dafür versteht sie viel zu gut die Waffen einer Frau zum Einsatz zu bringen.

Um die Krebs-Frau zu gewinnen, muß man sich Zeit nehmen und ihr Zeit lassen. Für überstürzte Unternehmungen hat sie nicht viel über. Sie will zart und stilvoll erobert werden. Forsche Draufgänger und abgetakelte Nichtsnutze machen sie gleichermaßen kopfscheu. Daß sie sorgsam prüft, bevor sie bereit ist, sich zu binden, ist bei ihrer Veranlagung ein weises Vorgehen. Denn wenn sie im Stich gelassen wird, kommt sie schwer darüber hinweg, sucht das Versagen bei sich selbst und schließt sich kaum mehr einem Partner so intensiv an. Ihre Seele ist mit einer Panzertür versehen – man kann ihr nur wünschen, daß die niemals »klapp« macht . . .

Kleine Geschenke erhalten die Freundschaft der

Krebs-Frau. Da es viele kleine Geschenke so an sich haben, um so teurer zu sein, je kleiner sie sind, kann es unter Umständen teuer werden, die Krebs-Frau zu beschenken. Ganz besonders erfreut sie immer ein Stück für ihre Sammlung – sie sammelt immer irgend etwas. Wenn man Pech hat, ist es eine Juwelensammlung ... Dann heißt es eben tief in die Tasche greifen. Wer ernste Absichten hat, tut das gerne, und dann bleibt das angelegte Kapital ohnedies in der Familie. Auch eine Einladung zum Essen wird bei der Krebs-Dame immer auf große Gegenliebe stoßen, aber es muß ein elegant-gemütliches Lokal sein.

In der Kleidung bevorzugt sie »Weibliches«: Maschen, Rüschen, Schleifen, Volants ... Wenn sie Glück hat, kann sie es sich von der Figur her leisten. Sonst werden die Rüschen und Schleifen eben auf die Wohnung umgelegt. Das Heim wird immer ausgiebig dekoriert, bis es einem Puppenheim gleicht. Die Krebs-Frau lechzt nach Bewunderung für jedes Detail. Am besten, man versinkt wohlig seufzend in den schwellendweichen Polstern und tut seiner Zunge keinen Zwang an.

Krebs-Frauen genießen ihr Familienleben. Sie sind stolz auf Mann, Kinder und Haushalt, und sie können diesbezüglich eine ausgesprochene Schönfärberei betreiben. Ihr Mann ist der tüchtigste – auch wenn er ständig knapp am Konkurs vorbeisegelt –, ihre Kinder sind die anhänglich-

*Universum des Kopernikus.
Zwei Naturwissenschaftler
brachten in der Astrologie
die entscheidende Wende:
Kopernikus und Galilei. Von
da an war nicht mehr die
Erde, sondern die Sonne der
Mittelpunkt unseres Sonnen-
systems, und mit Hilfe von
Galileis Teleskop wurden die
Sterne als Körper erkannt.
Die Astrologie mußte neue
Wege beschreiten.*

COPERNICANVM
Systema
TIVS CREATI
THESI
CANA IN
EXHIBITVM

sten – auch wenn sie ihre Mutter nur ausnützen –, und daß ihr Haushalt der bestorganisierte ist, steht ohnedies außer jedem Zweifel. Diese gemütvolle Selbstgefälligkeit ist typisch für Krebs-Hausfrauen. Sie deutet auch ihre zähe Entschlossenheit an, sich an alles zu klammern und durch dick und dünn zu dem zu stehen, was »ihr gehört«. Partner von Krebs-Frauen sind leider der Treue und Anhänglichkeit nicht immer wert, die die Krebse auf sie verwenden.

Unkomplizierte Seelen mag die Krebs-Frau mit ihren Selbstzweifeln und mit ihren ständig schwankenden Stimmungen zur Verzweiflung treiben, aber es ist ein gewisser Trost, daß sie die Launen anderer mit großer Geduld und mit viel Verständnis erträgt. Da man ihr die Launen schwer abgewöhnen kann, kommt es oft so weit, daß ihr der Partner die seinen in steigendem Maße zumutet. Sie duldet und trägt, und sogar ihre Nörgelei wird in dem Maß abnehmen, wie ihre Opfer zunehmen. Viele Krebs-Frauen werden von ihren Männern ausgenützt und viel schlechter behandelt, als sie es verdienen; ohne es zu wissen, fordern sie es direkt heraus.

Die Krebs-Frau wird leiden, sich selbst bemitleiden, bittere Tränen vergießen – aber sie wird ihren Freundinnen vorschwärmen, welch liebevollen Mann sie hat. Und sie wird letzlich glücklich sein, daß sie so sehr »gebraucht« wird ...

Das Krebs-Kind

Der Zustand »Kind« ist einem Krebs-Geborenen der liebste. Wenn es ginge, würde er sein ganzes Leben lang Kind bleiben. Andere den Lebenskampf kämpfen lassen und es nur mit Anhänglichkeit und Zuneigung danken – so verlöre das rauhe Leben all seine Schrecknisse. Vermutlich aus diesem Grund ist der Moment des Überganges vom Kindsein ins Erwachsenenleben beim Krebs immer ein ganz besonders kritischer.

Als Baby und Kleinkind bereitet das kleine Krebs-Wesen kaum Schwierigkeiten. Es braucht nur unerhört viele Streicheleinheiten. Davon kann es nie genug bekommen. Sie sind das einfachste Mittel, um ihm die immerwährende Liebe zu versichern – auch davon bekommt es nie genug.

Schon als Baby ist es Stimmungen unterworfen, die kein Mensch erklären kann. Man muß sie dem Mond zuschreiben – der »wechselt« ja auch dauernd. Wie auch immer: solange das Kind gestreichelt wird, ist nichts wirklich schlimm. Es spielt in seiner eigenen Phantasiewelt, aber es geht auch auf alles ein, was sich ihm nähert. Es ist verträumt oder heiter, komisch wie ein kleiner Clown, oder zutiefst bedrückt, wenn es sich zurückgewiesen fühlt. Nicht auf seine kleine Persönlichkeit einzugehen ist die schlimmste aller Sünden, die man einem Krebs-Kind antun kann. Aus solchen Wunden kann es sein Leben lang bluten . . .

Es ist weitaus leichter, ein Krebs-Mädchen zu erziehen, als einen Krebs-Jungen. Die Mädchen dieses Zeichens lernen bald die Kunst des weiblichen Um-den-Finger-Wickelns, während die Buben allzuoft meinen, ihre »Charakterstärke« durch besonderen Eigensinn unter Beweis stellen zu müssen.

Ein Krebs-Kind ist nicht ungesellig, aber es spielt auch allein, wenn es keinen passenden Spielgefährten findet. Dann kann es stundenlang in seinem Stühlchen sitzend vor sich hinbrummen und »Traktorfahren«. Was dabei alles an seinem inneren Auge vorbeizieht, ist an seinem lebhaften, stets wechselnden Gesichtsausdruck zu ersehen oder zu ahnen. Seine Phantasiewelt sollte nicht brüsk gestört werden, aber es sollte auch nicht dazu verurteilt werden, immer nur darin zu verweilen, sonst kann es mit der Zeit Wirklichkeit und Phantasie nicht mehr auseinanderhalten.

Mit dem Eintritt in die Schule weht diesem sensiblen Pflänzchen der erste rauhe Wind um die Nase, und möglicherweise beginnt es sich bald dagegen zu stemmen. Es will verwöhnt werden – und dazu sind nun einmal meistens weder die Lehrer noch die Mitschüler bereit. Außerdem mag das Krebs-Kind Forderungen gar nicht gern, und Schule bedeutet Anforderungen.

Das Schönste an der Schule ist der beginnende Umgang mit Büchern. Hier tut sich dem Krebs-Kind eine neue Welt auf, seine Phantasie erhält dadurch immer neue Nahrung. Über den Büchern entflieht es auch seinen zahlreichen Ängsten. Eltern sollten sich dadurch nicht täuschen lassen: Probleme und Ängste sind nicht dadurch gelöst, daß man ein Buch über den tapferen Helden Siegfried liest.

Solange es geht, versuchen Krebs-Kinder den Problemen auszuweichen, indem sie den Kopf in den Sand stecken und sie nicht sehen wollen. Kinder dieses Sternzeichens brauchen viel Ermunterung, sonst bleiben sie in ihren Ängsten stecken und werden verquälte Hasenfüße; oder sie lernen später im einsamen Alleingang ihre Ängste zu eliminieren, mit dem Preis, daß sie gänzlich liebeleer werden und weder Not noch Glück ertragen können.

Durch ihre Mischung aus Empfindsamkeit, kritischem Intellekt und Ängstlichkeit neigen sie auch dazu, ihre Probleme mit Alkohol oder Drogen zu »lösen«. Zu trinkbaren Flüssigkeiten fühlen sich Krebse ohnedies immer hingezogen, man sollte schon in der Kindheit absichern, daß sie im Laufe der Jahre nicht immer hochprozentiger werden.

Großes Vergnügen bereitet Krebs-Kindern der Aufenthalt am und im Wasser. Es ist wahrhaftig ihr eigenes Lebenselement, dort können sie richtig aus sich herausgehen. Wenn immer möglich sollte man ihnen Ferien an einem See oder gar am Meer gönnen.

Das Krebs-Kind zeigt früh seine Begabung für Gelderwerb. Es wird mit Eifer drangehen, seine alten Schulbücher zu versilbern, es wird mit großer Begeisterung die Kirschen in Vaters Garten pflücken, wenn es sie nachher verkaufen darf – am liebsten würde es noch die gebrauchten Kaugummis zu Geld machen. Vielleicht findet es mit seiner Phantasie und seinem Spürsinn tatsächlich eine Möglichkeit, dieselben als »neue Dichtungsmasse« oder ähnliches an den Mann zu bringen.

Viele Eltern von Krebs-Kindern können es einfach nicht fassen, daß von einem Tag auf den anderen aus ihrem gemütlich glucksenden Kleinkind ein recht rabiater Teenager wird – aber falls man keine allzu gravierenden Fehler gemacht hat, ist Angst deshalb nicht angebracht –, dieser wird ebenfalls von einem Tag auf den anderen wieder ein gemütlich glucksender Erwachsener. Nur sein äußerst kritischer Verstand wird dann noch an die rabiaten Jahre erinnern. In der Pubertätszeit werden viele Krebs-Jugendliche zu ausgesprochenen Streunern, und sie wehren sich mit Vehemenz gegen jede bessere Einsicht – daraus läßt sich ablesen, wie sehr sie darunter leiden, mit sich selbst nicht fertig zu werden. Sie leiden noch am Schock der Erkenntnis, daß Mamas Sorge um ihr Wohlergehen nicht gleich die Sorge der gesamten Menschheit ist.

Ein Krebs-Kind hat man nicht so leicht »verloren«, auch wenn es jahrelang sich selbst und der ganzen Welt zu beweisen versucht, daß es ebensogut allein auskommen kann. Schlimmstenfalls wird die erwähnte rabiate Phase viele Jahre anhalten, aber zum Schluß beginnt der Krebs langsam und einsichtig in Richtung Vaterhaus zurückzukrebsen.

Die Kindheitsepoche ist für den Krebs die entscheidendste seines Lebens. Vor allem von der Mutter kommt er nie ganz los. Es ist jedem Krebs nur zu wünschen, daß er eine positive Mutterbindung hat, denn eine negative ist nicht minder tief – und hat verheerende Wirkung.

Das Liebesleben des Krebses

Da Liebe normalerweise mit Gefühl verbunden ist, bringt der Krebs-Mensch mit seinem reichen Gefühlsleben ausgezeichnete Voraussetzungen für ein erfülltes Liebesleben mit. In der Praxis gibt es aber leider mehr enttäuschte als erfüllte Krebse. Was ihnen ihre farbenfrohe Phantasie an Liebeslust vorgaukelt, ist für ihre Partner oft unrealisierbare Liebeslast – und das wieder hat der Krebs sehr schnell erfühlt. Eine unsichtbare Kettenreaktion geht in seinem Inneren vor sich und kommt als Laune, die irgendwo zwischen »unwirsch« und »depressiv« angesiedelt ist, zum Vorschein – auch nicht gerade die beste aller Einleitungen fürs Liebesspiel.

Was dem Wanderer der Kompaß, ist dem Partner eines Krebses die Intuition. Mit ihr vermag er zu erfassen, ob sein Krebs eher zum Verführen geneigt ist oder ob er verführt werden will. Auch wenn es nicht so aussieht: für eins von beiden ist er stets zu haben.

Ein Krebs ist gegen Kritik immer allergisch, in der Liebe aber stürzt ihn Kritik in nachtschwarze Verzweiflung. Liebeserlebnisse mit einem Krebs-Partner dürfen immer nur herrlich, noch herrlicher oder am allerherrlichsten sein – und wahrscheinlich wird er es bereits als Kritik auffassen, wenn sie einmal nur herrlich waren . . .

Die Erinnerung an jedes einzelne Liebeserlebnis ist tief in sein Gemüt eingegraben und haftet dort bis ans Ende seiner Tage. Jeder Krebs ist ein wandelndes Geschichtsbuch seiner eigenen Liebesgeschichte. Daher ist wohl zu überlegen, was man in diesem Buch verewigt.

Der Krebs-Mensch pflegt um die Liebe (um die »wahre Liebe«; bei Abenteuern ist es nicht so) herumzustreichen wie die vielzitierte Katze um den heißen Brei. Er möchte wohl – aber die Vorsicht gebietet ihm, zuzuwarten. Selten pflegt die Liebe wie ein Blitz aus heiterem Himmel vor ihm einzuschlagen – wenn schon Blitz, dann allenfalls ein Kugelblitz, der in der Gegend herumfährt und nicht recht »weiß«, wie er treffen soll. Wahrscheinlich ist der Krebs-Geborene mit seiner Intuition der erste, der wahrnimmt, wenn es »gefunkt« hat – bis der Funke aber zum Zünden kommt, ist ein komplizierter Vorgang. Nie darf man einen Krebs-Menschen hetzen – eilig hat er es höchstens, wenn er das Gefühl hat, ein anderer könnte ihm entreißen, was er selbst gern haben möchte. Unvermutet auf der Bildfläche erscheinende Rivalen oder Nebenbuhler können dann eine Entscheidung ungewollt beschleunigen.

Die innere Unsicherheit des Krebses muß gerade

Widder

Ob all seiner Bocksprünge verliert er keineswegs die Richtung aus den Augen.

Stier

Eine gerade Linie ist der Lebensweg des Stiers – was sich ihm auch an Freud und Leid entgegenstellen mag.

Zwillinge

Flitzt gekonnt in alle Richtungen zugleich und vergißt gelegentlich, wo er eigentlich selber steht.

Krebs

Er verläßt sein Schneckenhaus nur, um sich in ein neues zu verkriechen.

Löwe

Er rennt unverdrossen vorwärts, auch wenn er immer wieder auf der gleichen Ebene beginnen muß.

Jungfrau

Hier werden die komplizierten Lebenslinien der Jungfrau ihren Platz bekommen (sie ist soeben dabei, ein Gerät auszutüfteln, das stark genug ist, die feinen Linien sichtbar zu machen).

Waage Ein ästhetisch-ätherisches Blumengebilde ist der Waage Leben. Sie überläßt es den anderen, darin enthaltene Stacheln zu vermeiden.

Skorpion Wer sich in diesem Wirbel verfängt, ist selber schuld, wenn er darin umkommt.

Schütze In diesem Konzentrat ist keine Linie mehr zu erkennen.

Steinbock  Schraubt sich beharrlich in die Höhe und nimmt dabei Abstiege und Rückschläge in Kauf.

Wassermann  Hier ist er in das Universum eingetreten. Wohin ihn die Parabel seines Lebens führt, weiß keiner (nicht einmal er selber . . .).

Fische  Rhythmisch bewegte Wellen tragen den Fisch über die Untiefen des Lebens hinweg – und machen Zuschauer seekrank.

in der Liebe ständig mit Anerkennung beseitigt werden. Er hat es vielleicht gelernt, nach außen selbstsicher zu wirken, aber spätestens in der Zweisamkeit des Schlafzimmers erweist sich diese Selbstsicherheit als angelernte Routine. Er kommt sich unzulänglich vor und braucht immer wieder die Bestätigung, daß er herrlich, noch herrlicher oder am allerherrlichsten ist . . .

Besonders die Krebs-Frau geht in der Liebe erst dann ganz aus sich heraus, wenn sie sicher ist, daß ihre Gefühle ganz, ganz ernstgenommen werden; eine »spaßige« Seite kann sie ihr nicht abgewinnen. Hat sie ihre Zurückhaltung überwunden, kann sie jeden Mann mit ihrer zärtlichen Leidenschaft zu sinnlichen Höhenflügen animieren.

Wo sich der Krebs-Mensch angenommen fühlt, kann er eine Ergebenheit zeigen, die an Selbstaufgabe grenzt.

Jeder Krebs möchte im Leben seines Partners der Erste sein, oder falls dies offensichtlich nicht möglich ist, möchte er die Versicherung, daß alles, was vor ihm war, im Vergleich zu ihm in völliger Bedeutungslosigkeit versinkt. Das ist das einzige, was über seine Vorgänger »interessant« ist – ab nun ist nur mehr ER interessant.

Grobes Drängen und Zerren in Richtung Schlafzimmer kann die zarten Gefühle dieses Menschen total zum Auslöschen bringen, aber behutsames Einstimmen bringt den ganzen Reichtum an

Empfindungen zum Erblühen. Zärtliches Streicheln ist immer angebracht, und innige Küsse verfehlen nie ihre Wirkung. In der Liebe entpuppt sich der Krebs als wahrer Genießer, und nie wird er es zulassen, daß seine hochprozentigen Gefühle wie billiger Fusel hinuntergeschüttet werden.

Die Umgebung wünschen sich Krebs-Geborene in erster Linie komfortabel und elegant – aber Protz und Kitsch beleidigen ihre feinen Sinne. Wenn es nicht das eigene Schlafzimmer ist, wo sie der Liebe pflegen wollen, dann ist es das eigene Wohnzimmer – jedenfalls keine fremden, ungewohnten Örtlichkeiten. Die Vorstellung, daß ihm jemand zuhören oder zusehen könnte, hat für einen Krebs eher etwas Erschreckendes als etwas Reizvolles an sich. Wie er aussieht ist ihm zwar wichtig, aber was er tut, will er spüren, nicht sehen. Für »Open-air-Vorstellungen« hat er nicht viel über, dazu ist er zu sensibel und zu leicht irritiert. Eine Ausnahme bildet vielleicht der Meeresstrand beim Silberschein des Mondes – diese Atmosphäre verzaubert den Krebs in ein überirdisches Wesen, das überirdische Gefühle verwirklicht.

Ansonsten aber liebt er sein Bett – es ist überhaupt ein wunderschöner Ort, und so ist nicht einzusehen, warum die wunderschönste aller Tätigkeiten irgendwo anders stattfinden sollte. Viel

eher wird sich der sinnenfreudige Krebs in Griff-
weite einen Plattenspieler einbauen, in nächster
Nähe Erfrischungsgetränke aufstellen und vielleicht entströmen einem kristallenen Fläschchen
alle Wohlgerüche Arabiens. Zu Reizwäsche – die
so dezent verheißt – sagt er auch nicht Nein.

Wenn sich der Krebs überzeugen konnte, daß die
Gefühle echt, die Stimmung traumhaft, die Umgebung romantisch und die Zärtlichkeiten ein-
fühlsam sind, dann legt er Schicht für Schicht seines unendlichen Innenlebens frei und entwickelt
Liebeskünste, die ihresgleichen suchen.

Die Verwirklichung dieses Liebeshimmels hängt
für ihn aber auf weiten Strecken vom Verhalten
des Partners ab, die Verantwortung dafür siedelt
der Krebs nur zu gern außerhalb seines eigenen
Einflußbereiches an und so bleibt vieles davon
reichlich irdisch-unvollkommen.

Die Frage der Partnerschaft ist für Krebs-Menschen nicht immer leicht zu lösen. Sie sind sehr
anlehnungsbedürftig und ganz und gar nicht fürs
Alleinsein geschaffen, aber wenn sie einmal gefühlsmäßig verwundet wurden, können sie miß-
trauisch und ablehnend werden – um so mehr, je
nötiger sie ein liebendes Herz hätten.

Als Partner eignen sich anschmiegsame, einfühl-
same Fische und standhafte Skorpione. Das
Aquarium, genannt »Heim«, das sie mitsammen
gründen, wird für Außenstehende unantastbar

sein. Die Häuslichkeit und Sparsamkeit der Erdzeichen wird dem Krebs ebenfalls imponieren.
Vor anderen Verbindungen wird zumindest ge-
warnt, wenn nicht abgeraten.

Krebs und Widder
Der direkte, kämpferische Widder und der sensi-
ble Krebs sind einander weniger Ergänzung als
Belastung. Der Widder ist kein Streicheltierchen
am eigenen Herd – und genau das wünscht sich
der Krebs. Nach dem anfänglichen Staunen über
die so ganz anders geartete Welt, folgt beiderseits
die zunehmende Entfremdung und das Befrem-
den. Der Krebs emigriert in seine eigene innerste
Welt und ist dort nicht mehr zu erreichen, wie es
beim Widder schon vorher meistens in der äußeren Welt der Fall war: unerreichbar, weil be-
schäftigt. Hier gibt es irgendwann einmal Scher-
ben.

Krebs und Stier
Für beide Seiten eine der besten Verbindungen
überhaupt. Die innigen Gefühle, Sinnlichkeit,
Genußfreude, aber auch der Sinn für Gelderwerb, Besitz, ja sogar die Eifersucht, finden beim
Partner das passende Gegenstück. Die stierische
Gemütsruhe ist den krebsischen Launen leicht ge-
wachsen, ja der Krebs vermag bei der Stetigkeit
des Stiers vielleicht sogar seinen Wankelmut und

seine Selbstzweifel abzulegen. Kluge Menschen greifen hier zu.

Krebs und Zwilling
Die sentimentalen Gefühle des Krebses, die Bemutterung und das völlige In-Beschlag-Nehmen nimmt der Zwilling äußerst übel, es belastet ihn rundherum und macht ihn ungeduldig. Der Krebs wieder wird nichts als leiden: über das kühle Gemüt, den Charme, der alles erobern will, was des Zwillings Wege kreuzt, und ganz allgemein über die Unbekümmertheit. Nur wer ausgesprochen gern leidet, sollte diese Verbindung eingehen!

Krebs und Krebs
Bei aller Gemütstiefe und bei aller Verständnisbereitschaft: sie bräuchten einen Dritten, der ihnen Sicherheit und Halt bietet. Hat sich dieses Krebs-Gespann tief genug in die eigenen Belange zurückgezogen, wird es vielleicht nörgelnd feststellen: immer nur Süßes schlecken verdirbt die Seele. Bei einer großen Kinderschar wäre die Abwechslung von dort her zu erhoffen; ohne diese Reibungsfläche wird aus der Lauschigkeit mit der Zeit »Laschigkeit«.

Krebs und Jungfrau

Die Sensibilität des Krebses wird die Jungfrau beglückt zur Kenntnis nehmen, aber seine Launen können ihr jeden Rest Zuversicht rauben. Wenn diese Hürde erfolgreich genommen werden kann, wird die Verbindung vielversprechend. Mit viel Liebe zum Detail wird ein eigenes Nest gebaut, beide sind bestrebt, die wirtschaftlichen Mittel einzubringen und optimal einzusetzen. Nur Herrschaftsallüren sollte sich Herr Krebs bei einer Jungfrau-Dame nicht erlauben. Bei aller Liebe: da stellt sie ab!

Krebs und Waage

Der introvertierte Krebs und die extravertierte Waage sind zwei sehr verschiedene Paar Stiefel. Jede Art »Dauerbesitz« – inklusive Partner – stört und belastet die Waage, ist aber genau das, was der Krebs sucht. Nach einem lichterlohen Anfangsstrohfeuer weiß sich ein Waage-Mensch etwas anderes, als ständig das Krebs-Gemüt anzuwärmen. Diesem bleibt dann allein daheim nur das Daumenlutschen – und das kann er auch ohne diese bittere Enttäuschung.

Krebs und Skorpion

Das müßte ein Dauerbrenner werden! Richtig perfekt ist die Verbindung zwischen einem Skorpion-Mann und einer Krebs-Frau. Jede Menge

Gefühl, jede Menge Heim- und Familiensinn und der Geldbegehr ist auch nicht zu klein geraten. Ein gut gemeinter Rat: keine Stiche aus dem Hinterhalt austeilen. Wenn diese Verbindung nicht gutgeht, muß man sich fragen, ob die Beteiligten überhaupt ehetauglich sind ...

Krebs und Schütze

Die ständigen Herz-Schmerz-Variationen des Krebses bringen einen echten Schützen auf die Palme. Und er wird mit Entsetzen feststellen, daß ihm der Krebs selbst dorthin noch folgt – nirgendwo eine Spur der lebensnotwendigen großzügigen Freiheit in Sicht. Beide sollten es vielleicht zuerst einmal als Reisepartner versuchen, danach stellen sie fest: »Genug der Strapazen!«

Krebs und Steinbock

Die Sentimentalität des Krebses könnte sogar einen Steinbock erweichen, vor allem, da es sonst überall stimmt. Den Teil »Verführung und Lebensgenuß« wird freilich der Krebs übernehmen müssen, doch wenn zum Schluß die Kassa stimmt, läßt es der Steinbock willig geschehen. Launen hingegen sieht er gar nicht gern, bezüglich dieses Krebsübels des Krebses wird sich manches ändern müssen. Man soll einen Steinbock nicht mit einem Hampelmann verwechseln, sonst hampelt er eines Tages davon!

Krebs und Wassermann

Dem Krebs ist Bewährtes reizvoll, und er taut dabei im gleichen Maß auf, wie es den Wassermann zu fadisieren beginnt, denn ihn reizt das Neue. Irgendwann auf dieser Linie treffen sie aufeinander, aber es ist ein Schnittpunkt, keine Parallele.

Die Wassermannschen Reaktionen erfolgen über den Verstand, die des Krebses übers Gefühl. Nach einer Phase der Selbsttäuschung wird man es wohl einsehen: arg verschieden, aber nicht arg gut.

Krebs und Fische

Maßgeschneiderte Partner! Die Voraussetzungen für eine gute Verbindung stimmen rundherum, man muß nur zielbewußt etwas draus machen. Gemeinsame Gefühle und Stimmungen ergeben ein großes Stammkapital – nur sollte man nicht allein davon seinen »Lebensunterhalt« bestreiten. Wenn der Krebs die Hand auf der Kasse hat und beide so viel Phantasie aufs Erwerbsleben verwenden wie auf die gegenseitige Beglückung, hält der Traum bis ins Jenseits an.

Der Krebs im Berufsleben

In der Arbeit sind Krebs-Menschen gründlich und genau, aber besonders flink sind sie nicht. Sie gehen in ihrem eigenen Tempo vorwärts und in dem läßt man sie am besten gehen. Ein gehetzter Krebs bekommt Magengeschwüre und wird deshalb auch nicht schneller.

Der bei Krebs-Menschen beliebteste Erfolg für ihren Arbeitseinsatz ist Geld. Anerkennung ist gut und nötig, aber was ist sie wert, wenn sie sich nicht in Zahlen ausdrückt? Für eine Arbeit, die ihn nicht interessiert, wird sich der Krebs-Geborene kein Bein ausreißen, aber ein gewichtiger Zahltag wird sein Interesse ganz beträchtlich erhöhen. Steigender Lohn und steigende Sicherheit sind für einen richtigen Krebs immer ausreichender Anreiz für eine steigende Arbeitsleistung. Das Klingeln der Münzen ist Musik in jedem Krebs-Ohr. Mit der feinen Witterung eines unverfälschten Waldläufers nimmt er jede Spur eines möglichen Geldverdienstes auf und verfolgt sie hartnäckig bis zum Ziel. Neben seiner normalen Berufsarbeit wird er wahrscheinlich diverse Nebengeschäftchen haben, die alle recht einträglich sind.

Neben ihren speziellen Begabungen haben Krebse jene, sich für alles zu interessieren, was Geld einbringt. Besonders interessant ist der Handel, denn hier ist mit vermehrter Klugheit immer vermehrt Geld zu machen.

Wie die Umgebung seines Wirkens aussicht, ist einem Krebs fast immer sehr wichtig. Daß er nicht gern vor Kälte bibbernd und schlotternd dasitzt, ist bei der Vorliebe für Bequemlichkeit nicht extra erwähnenswert; darüber hinaus möchte er ein freundliches Büro oder eine helle Werkstatt, die »etwas darstellt«. Muffige, unfreundliche Arbeitsräume irritieren den Krebs, machen ihn unsicher und lassen ihn am Wert seiner Arbeit zweifeln. Wer weiß, wann sich dann diese äußeren Unzulänglichkeiten auch in der Lohnsumme niederschlagen? Freundlich, sauber und solid – das flößt einem Krebs das nötige Zutrauen ein und macht ihn überzeugt, daß er auf der richtigen Seite steht und sich für die richtige Sache einsetzt.

Unter den Mitarbeitern sind Krebs-Menschen meistens recht beliebt. Sie sind freundlich und charmant, ohne sich ungebührlich in den Vordergrund zu spielen und andere brutal niederzuwalzen. Am Arbeitsplatz wirken sich auch die wechselnden Launen am wenigsten aus.

Als Chef ist der Krebs eher streng. Einerseits behagt ihm herzlos durchgeführte Arbeit wenig, auch wenn sie besonders gewissenhaft ausgeführt ist, andererseits behagt ihm gefühlvoll ausgeführte Arbeit nicht, wenn sie nicht auch besonders gewissenhaft durchgeführt ist. Über diese Doppelanforderung »gefühlvolle Gewissenhaftigkeit« sollte man sich nie hinwegtäuschen, auch wenn auf dem Schreibtisch des Krebs-Chefs Blumen und das Familienfoto stehen. Er will Leistung sehen, denn nur Leistung bringt Geld; und die Leistung wird die beste sein, wenn das Herz mitbeteiligt ist – somit bringt Leistung mit Herz das meiste Geld!

Außerdem haben Krebs-Chefs die unangenehme Eigenschaft, daß sie sich alles merken; unangenehm vor allem dann, wenn man zu spät gekommen ist oder etwas vergessen hat.

Einmal mag es angehen, daß der Tante Elsa schlecht wurde und man sie ins Spital bringen mußte ... Aber spätestens bei der dritten »Tante Elsa« platzt dem Krebs der Kragen. Kränkelnde Tanten am laufenden Band zu erfinden ist bei einem Krebs-Chef nicht ratsam, denn er hat bestimmt schon längst erkundet, wie viele Tanten man tatsächlich besitzt und daß sie sich alle bester Gesundheit erfreuen. Daß man ihn aber mit den Tanten zum Narren halten wollte, das wird er sich bis zum Ende des Arbeitsverhältnisses merken – und das ist nahe, wenn man diesem Chef mit faulen Tricks kommt.

So kritisch er Leistung und Lauterkeit beurteilt, um mit ihm wirklich perfekt auszukommen, muß man immer auch bereit sein, seiner Person zu schmeicheln. Dezente Schmeichler sind bei ihm immer besser angeschrieben als andere Angestellte, die dasselbe leisten und nicht schmeicheln.

All seine Stimmungen werden den Krebs-Chef nicht dazu veranlassen, sich einmal mit schlechter Arbeit zufriedenzugeben – auf eine solche Stimmung würde man vergeblich warten; hingegen kann es ohne weiteres sein, daß er einen auf Grund von schlechter Arbeit bei entsprechender Stimmung auf der Stelle hinauswirft. Sein ausgeprägtes Einfühlungsvermögen endet genau dort, wo das Minus an Gegenwert für den Lohn, den er zahlt, beginnt.

Wer häufig Kopfweh hat, muß den Arzt aufsuchen, aber Kopfweh ist keine Ausrede für schludrige Arbeit. Er wird auch gern bereit sein, einen guten Arzt ausfindig zu machen oder zu empfehlen – aber damit Punkt.

Krebs-Angestellte arbeiten um so inniger, je mehr Chancen emporzukommen sie haben. Sie sind nicht jenen Typen zuzurechnen, die sich auf den Chefsessel zwängen, sobald der Chef auf Geschäftsreise ist, aber sie peilen sicher den Posten jenes Vorgesetzten an, der als nächster in Pension geht. Sie streben die Leiter der Geschäftshierarchie beharrlich hinan. Sie brauchen Geld – das findet sich in den oberen Chargen; sie brauchen Sicherheit – die ist »oben« eher als »unten«; sie brauchen Zuneigung – die bekommt man nicht als »Niemand«, sondern um so eher, je »mehr« man ist.

Die Berufe, zu denen sich Krebs-Menschen besonders hingezogen fühlen, sind neben den erwähnten Handelsberufen das Gastgewerbe (wer selbst gern gut ißt, weiß auch, was den anderen schmeckt) und die Brauereiberufe, im Weinhandel und im Weinbau findet man sehr oft die Weinkenner-Krebse.

Auch Gärtnern liegt jedem Krebs, das reicht vom einfachen Blumenfenster in der Stadtwohnung über den Hausgarten bis zum großangelegten Garten als Broterwerb.

Innenarchitektur und Musik bieten den künstlerisch veranlagten Krebsen ein gutes Betätigungsfeld, ihre Liebe zum Wasser läßt sie in den einschlägigen Berufen wie Fischer oder Seemann aufgehen. Antiquitätenhändler, Buchhändler oder Buchhalter liegen ebenfalls nahe. Die Doppelbegabung Einfühlungsvermögen und Realismus wird eine gute Voraussetzung für Fürsorgeberufe abgeben, und an Foto und Film haben viele Krebs-Menschen großes Interesse.

Mit den *Feuerzeichen* (Widder, Löwe, Schütze) wird die Zusammenarbeit vermutlich mittelprächtig funktionieren. Der Krebs-Chef wird öfters Gelegenheit haben, in Richtung dieser Zeichen einen mißbilligenden Blick zu senden: sie sind ihm zu selbstbewußt. Ihre raschen Reaktionen legt er als »Unüberlegtheiten« aus. Die Feuerzeichen wieder finden ihren Krebs-Chef ziemlich umständlich, kleinlich bis kleinkariert, ängstlich und überhaupt viel zuwenig spontan. Ein Krebs-Untergebener dieser Zeichen wird oft Gelegenheit haben, über zu viel Tempo und zu wenig »Seele« zu trauern. Kluge Feuerzeichen-Chefs werden sich jedoch über die beharrliche Ausführung ihrer Anordnungen freuen. Vielleicht kommen sie in der Hitze des Geschäftslebens nicht von selbst auf die Idee einer Lohnerhöhung, aber sie sind gerecht und großzügig genug, daß sie bei diesbezüglichen Wünschen die zähen und treuen Bemühungen des Krebses honorieren.

Wenig problematisch müßte eine Arbeitspartnerschaft zwischen dem Krebs und den *Erdzeichen* (Stier, Jungfrau, Steinbock) sein. Der Krebs-Chef schätzt die Genauigkeit, Zuverlässigkeit und Systematik dieser Zeichen. Sie versuchen ihm keinen blauen Dunst vorzumachen und sind bereit, für ihr Gehalt die angemessene Gegenleistung zu erbringen. Allzu patriarchalisch sollte ihnen der Krebs jedoch nicht begegnen, das finden diese Zeichen eher lächerlich. Und das Beharren auf vorgefaßten Meinungen, ohne die Gegenargumente zu akzeptieren, stört sie ungemein. Solchermaßen »das Gesicht zu wahren« ist den Erdzeichen gegenüber auch nicht nötig, denn für sie ist das bestgewahrte Gesicht eines, das logisch und sachlich denkt. Für emotionsbeladene Unsachlichkeiten haben diese Zeichen wenig Verwendung.

Der Krebs als Untergebener von Erdzeichen wird sich nicht sehr schwer tun. Er läßt sich von ihrer Art willig für ein gemeinsames Ziel einsetzen, und auch sein Tempo wird akzeptiert.

Einigermaßen »kitzlig« wird die Zusammenarbeit mit den *Luftzeichen* (Zwillinge, Waage, Wassermann). Vielleicht schätzt der Krebs-Chef die mit leichter Hand skizzierten genialen Ideen und den Sinn für Schönheit an diesen Zeichen, aber ihre Unzuverlässigkeit, Sprunghaftigkeit und Unbekümmertheit verursachen ihm nervöse Magenbeschwerden. Er fühlt sich von ihnen glatt überrannt, er fühlt sich neben ihnen schwerfällig, und das verträgt sich in keiner Weise mit seinen Überlegenheitsansprüchen. Er täuscht sich auch nicht: genauso, wie er sich den Luftzeichen gegenüber fühlt, genauso schätzen sie ihn ein, und der Respekt, auf den der Krebs-Chef so großen Wert legt, ist relativ gering. Bis auf die wenigen Berufe, in denen Ideenreichtum vor der soliden Ausführung den Vorrang hat, gibt es hier nicht viele

Möglichkeiten: erstens sich ändern, zweitens sich verstellen oder drittens die Stelle wechseln.

Die Luftzeichen als Chefs werden ihre Krebs-Untergebenen ebenfalls wenig ansprechen: sie bieten zu wenig konstante Führung, zu wenig Zusammenhalt. Für einen solchen Chef zu arbeiten, bietet dem Krebs meistens wenig Anreiz. Der Idealismus, den Luftzeichen als selbstverständlich voraussetzen, ist in der ihnen vorschwebenden Art beim Krebs nicht zu finden: Krebse wollen finanzielle Erfolge sehen, nicht in ihrer eigenen Begeisterung Erfüllung finden. Es wird vermutlich ein ziemlich getrübtes Verhältnis werden ...

Wasserzeichen mit Wasserzeichen (Krebs, Skorpion, Fische) sollte nicht allzu schwierig werden. Eine gewisse Reibungsfläche könnte sich mit dem Skorpion ergeben, der gern herrscht, während der Krebs nur scheinbar nachgibt und auch lieber dominiert. Vielleicht hilft hier Kompetenzenteilung.

Mit einem Krebs-Geborenen empfiehlt sich ein sanfter, freundlicher Umgangston, weil er sich sonst auf einen unnachgiebigen »Justamentstandpunkt« zurückzieht.

Was Ehrungen und Anerkennung für seine Leistungen betrifft, nimmt der Krebs sie am liebsten persönlich entgegen. Ein Denkmal, an dem sich seine Kinder erfreuen können, während er schon im kühlen Grabe ruht, wünscht sich der Krebs weniger, als ein Denkmal seiner Vorfahren, das er mit viel Liebe und Familienstolz pflegen und polieren kann, das sind ihm seine Vorfahren schuldig. Er ist hingegen seinen Nachkommen gar nichts schuldig. Bei aller Liebe zu den Kindern, aber daß er sich zerfranst, um mit seinen Leistungen für ihre Zukunft goldene Brücken zu bauen, entspricht nicht seiner Vorstellung von Elternpflichten. »Sie sollen selbst weiterschauen« – er hat es ja auch so getan und sich um sein gesichertes Auskommen bemüht. Das Gesetz der Auslese, dem jeder Krebs-Mensch zumeist sehr zugetan ist, wird seine Nachkommen am Leben erhalten, wenn sie etwas taugen – so wie er sich am Leben erhalten hat, weil er etwas taugte ...

Einige berühmte Krebs-Vertreter

Johannes Calvin, 10. 7. 1509; Reformator, studierte Rechtswissenschaft, sittenstrenger Prediger

Rembrandt, 15. 7. 1606; holländischer Maler und Radierer, Darstellung tiefer Menschlichkeit, durch Sammelleidenschaft verarmt

Abraham a Sancta Clara, 2. 7. 1644; Augustinermönch, der in Wien durch seine volkstümlichen, derb-witzigen Predigten berühmt wurde

J. J. Rousseau, 28. 6. 1712; französischer Schriftsteller, konstruierte glücklich-naturhaften Zustand der Menschheit, »zurück zur Natur«

Ch. W. Gluck, 2. 7. 1714; Opernkomponist, forderte: die Handlung soll auf dramatisch-psychologischer Wahrheit beruhen

Gottfried Keller, 19. 7. 1819; zuerst Maler, dann Staatsschreiber und Dichter märchenhafter Novellen, Trinker

Ludwig Ganghofer, 7. 7. 1855; phantasievoller Erzähler

Gustav Mahler, 7. 7. 1860; spätromantischer Komponist, Dirigent, Kapellmeister

Ferdinand Sauerbruch, 3. 7. 1875; Chirurg, entwickelte neuartige Operationsmethoden, sehr autoritär

Hermann Hesse, 2. 7. 1877; entfloh der theologischen Ausbildung, als Schriftsteller verfeinerte psychologische Einfühlung in die Zerrissenheit der menschlichen Seele

Jean Cocteau, 5. 7. 1889; französischer Schriftsteller, Maler, Filmregisseur, Choreograph, Anhänger des Surrealismus

Marc Chagall, 7. 7. 1889; russisch-jüdischer Maler von traum- und märchenhaften Bildern

Louis Armstrong, 4. 7. 1900; schwarzer amerikanischer Jazzsänger und Jazztrompeter

Gina Lollobrigida, 4. 7. 1928; italienische Filmschauspielerin und Photographin